AF360113

**Collection de feu le prince Stourdza.
Collections M... et H...**

Dans cette vente que M° Roger WALTHER commissaire-priseur, assisté de M. PLATT, expert, dirigera le 17 juin, salle 8, après exposition le 16, on remarquera un grand nombre de pièces d'or, environ 200, qui, fait peut être unique depuis la guerre, passeront aux enchères. Ce sont en grande partie d'anciennes monnaies autrichienne et italienne. Notons encore un ensemble à peu près complet des monnaies des états pontificaux.

Collection Stourdza. — Monnaies. —
Dans cette vente dirigée hier salle 8, par M° Roger WALTHER et M. PLATT, on note comme principaux prix :

44. Bologne. Siège vacant de la papauté, doppia d'or : 500 fr. — 50. Hambourg. Porte de ville, dessous date 1808. R. Cartouche, double ducat d'or : 600 fr. — 57. Ferdinand Ier Tête couronnée à g. R. Génie debout à g. tenant l'écu, (15 ducats de 1818) : 1.100 fr. — 84. Angleterre. Victoria reine, buste couronné à g. R. Saint Georges, 5 livres or : 610 fr. — 88. Édouard VII. Tête à dr. R. Saint Georges, 5 livres or : 620 fr.

COLLECTIONS

d e

MONNAIES et MÉDAILLES

MONNAIES D'OR

Monnaies et Médailles

en argent et en bronze

Françaises et Etrangères

COLLECTION

de Feu le Prince STOURDZA

Collections M. et H.

DONT LA VENTE AUX ENCHÈRES PUBLIQUES AURA LIEU

HOTEL DROUOT, Salle n° 8

Le Mercredi 17 Juin 1925, à 2 heures

Mᵉ ROGER WALTHER

COMMISSAIRE-PRISEUR

16, rue de Provence

M. Clément PLATT

EXPERT EN MONNAIES ET MÉDAILLES

19, rue des Petits-Champs

PARIS

chez lesquels se distribue le présent Catalogue.

EXPOSITION PUBLIQUE

HOTEL DROUOT, Salle Nᵒ 8, *le Mardi 16 Juin 1925,
de 2 heures à 6 heures.*

CONDITIONS DE LA VENTE

Elle sera faite au comptant.

Les acquéreurs paieront 19,50 *pour cent* en sus des enchères.

L'Expert, dans l'intérêt de la vente, se réserve la faculté de réunir ou de diviser les lots.

La conservation des pièces a été sévèrement indiquée : B = beau ; TB = très beau.

L'Expert est à la disposition de MM. les Amateurs qui auraient un renseignement à lui demander ou des ordres d'achat à lui confier.

92.070. — Imprimerie Lahure, 9, rue de Fleurus, à Paris.

1° *Collection de Feu le Prince Stourdza*

Vente après décès en vertu d'ordonnance

MONNAIES D'OR

1 — **Autriche.** *François Ier. Empereur.* Tête laurée à dr. ñ. Aigle bicéphale Ducat de 1832. TB.

2 — **Mêmes types** Ducat de 1833. TB.

3 — **Même types** Ducat de 1834. TB.

4 — *François-Joseph Ier. Empereur.* Mêmes types Ducat de 1852 ; 5 exemplaires. TB.

5 — Ducat de 1853 ; 4 exemplaires. TB.

6 — 4 autres exemplaires. TB.

7 — Ducat de 1854 ; 5 exemplaires. TB.

8 — 6 autres exemplaires. TB.

9 — 5 autres exemplaires. TB.

10 — 6 autres exemplaires. TB.

11 — Ducat de 1855 ; 5 exemplaires. TB.

12 — 5 autres exemplaires. TB.

13 — 5 autres exemplaires. TB.

14 — 5 autres exemplaires. TB.

15 — 5 autres exemplaires. TB.

16 — 4 autres exemplaires. TB.

17 — Ducat de 1856: 4 exemplaires.   TB.

18 — 4 autres exemplaires.   TB.

19 — 5 autres exemplaires.   TB.

20 — Ducat de 1857 : 4 exemplaires.   TB.

21 - 5 autres exemplaires.   TB.

22 - Ducat de 1859: ducat de 1862. Ens. 2 pièces.   TB.

23   Ducat de 1863; 5 exemplaires.   TB.

24 — 5 autres exemplaires.   TB.

25 — 5 autres exemplaires.   TB.

26 — 5 autres exemplaires.   TB.

27 — 6 autres exemplaires.   TB.

28 — Ducat de 1864 : 4 exemplaires.   TB.

29 — 4 autres exemplaires.   TB.

30 — Ducat de 1865; 5 exemplaires.   TB.

31 — 5 autres exemplaires.   TB.

32 — Ducat de 1867 : 4 exemplaires.   TB.

33 — 4 autres exemplaires.   TB.

34 — Ducat de 1874.   TB.

35 — **Bade**. *Frédéric. Grand Duc.* Tête à g. ℞. Aigle. 20 marks. 1874.   TB.

36 — Un second exemplaire.   TB.

37 — **Barcelone**. *Occupation Française.* Armes de Catalogne en losange. ℞.
Valeur. 20 pesetas 1813.   TB.

38 — **Bavière**. *Louis II. Roi.* Tête à dr. ℞. Aigle. 20 marks 1872.   TB.

39 — **Belgique**. *Guillaume. roi de Hollande.* Tête à g. ℞. Écu au lion. 10 gul-
den 1824, frappé à Bruxelles.   TB.

40 — **Berne**. *République.* Écu à l'ours. ℞. DEVS. PROVIDEBIT. 1796. Doublon
d'or.   TB.

41 — **Bologne**. *Siège vacant de la papauté.* Armes du Cardinal Pacca.
MDCCCXXIII. ℞. Saint Pierre sur les nues. Doppia d'or.   TB.

42 — **Brunswick et Lunebourg**. *Georges III. roi d'Angleterre.* — Ses
armes. ℞. Valeur : V THALER. 1813.   TB.

43 — **Colombie.** *République.* Buste de Liberté à g. ñ. BOGOTA. Faisceau et cornes d'abondance. Scudo d'or. 1823. TB.

44 — **Danemark.** Hercule debout, à g. tenant à l'écu aux armes du Royaume. 1792. ñ. Écu carré à légende : I. SPECIES. DVCAT. TB.

45 — **États-Unis d'Amérique.** *République.* Tête de Liberté à g. 1813. ñ. Aigle. 5 dollars. TB.

46 — **Egypte.** Une monnaie d'or trouée.

47 — **Compagnie Anglaise des Indes Orientales.** Écu tenu par 2 lions. ñ. Légende orientale. Mohur d'or. TB.

48 — **France.** *Première République.* REGNE DE LA LOI. Le Génie de Dupré. 1793. ñ. REPVBLIQVE. FRANÇOISE. L'AN. II. Légende intérieure : 24 LIVRES. D. Frappé à Lyon. TB.

49 — *Bonaparte, Premier Consul.* Sa tête nue à g. ñ. Valeur : 20 FRANCS. AN. XI. A. (Première émission). TB.

50 — **Hambourg.** Porte de Ville. Dessous date 1808. ñ. Cartouche carré à légendes. Double ducat d'or. TB.

51 — Guerrier casqué à g. avec bouclier à la porte de ville 1815. ñ. Cartouche carré à légendes. Ducat d'or. TB.

52 — **Hongrie.** *Ferdinand Ier. Roi.* Le Prince debout à dr. tenant le globe. ñ. La Vierge à l'Enfant. Ducat de 1844. TB.

53 — Variété : Ducat de 1845. TB.

54 — *François Joseph Ier.* Tête laurée à dr. ñ. Armes. 10 francs 1870. TB.

55 — Un second exemplaire. TB.

56 — **Naples.** *Murat. Roi.* GIOACCHINO. NAPOLEONE. 1813. Tête à g. ñ. Valeur : 40 LIRE. TB.

57 — **Ferdinand Ier.** Tête couronnée à g. ñ. Génie debout à g. tenant l'écu aux 3 fleurs de lis, devant lui. couronne sur un piédestal. Exergue : DVCATI. 15. (15 ducats de 1818.) TB.

58 — **Prusse.** *Frédéric Guillaume III. Roi.* Son buste en uniforme à g. ñ. Aigle sur un trophée de canons et drapeaux 1818. Frédéric d'or. TB.

59 — *Guillaume Ier.* Tête nue à dr. ñ. Aigle. 20 marks 1872. TB.

60 — Mêmes types 20 marks 1873. TB.

61 — Mêmes types 20 marks 1873. TB.

62 — Mêmes types 10 marks 1875. TB.

63 — **Russie**. Double aigle couronné 1818. ℞. Légende russe sous une couronne. 5 roubles. TB.

64 — **Sardaigne**. *Victor Emmanuel. Roi*. Tête à g. 1816. ℞. **Armes**. 20 lire. Turin. B.

65 — *Charles Félix. Roi*. Tête à g. 1823. ℞. Armes 20 lire. Turin. TB.

66 — Mêmes types. 1825. 80 lire. Gênes. TB.

67 — **Saxe**. *Jean V*. Tête nue à g. ℞. Aigle. 20 marks 1873. TB.

68 — Un second exemplaire. TB.

69 — **Suède**. *Charles XIV* (Bernadotte). Sa tête nue à dr. ℞. Écu aux 3 couronnes. Ducat de 1821. TB.

70 — **Würtemberg**. *Charles. Roi*. Sa tête à dr. ℞. Aigle. 20 marks 1873. TB.

MONNAIES D'ARGENT ET BILLON

71 — **Allemagne, Autriche**. *Bavière, Prusse, Saxe*, etc. Ens. 8 **thalers** argent.

72 — Divisions en argent et billon. Ens. 122 pièces.

73 — **Angleterre et ses Colonies**. Monnaies et tokens. Ens. 15 p. argent.

74 — **Espagne et ses Colonies**. *Joseph Napoléon. Roi*. Piastre et demi-piastre ; *Ferdinand 7*. Piastre. Occupation de Barcelone. 5 pesetas. Rio de la Plata Peso 1815. etc. Ens. 7 p. arg.

75 — **France et colonies, Grèce, Hollande**, etc. Ens. 16 p. arg. et billon.

76 — **Italie**. *Louis I*, roi d'Etrurie. Écu de Pise ; *Joseph Napoléon, roi de Naples*, 120 grani ; *Ferdinand I*, duc de Parme, grand écu, etc. Ens. 5 p. arg. belles la plupart.

77 — *Gênes, Milan, Naples* etc. 9 grands écus arg. quelques-uns. B.

78 — Demi-écus et divisions. Ens. 79 pièces arg. et billon.

79 — **Russie**. *Pierre II. Tsar*. Rouble ; 30 kopecs 1836 ; **Brunswick et Lunebourg** 2/3 Thaler au nom de Georges III d'Angleterre. Ens. 3 p. argent très belles et une pièce cuivre.

80 — **Russie, Pologne et Pays d'Outremer**. 47 pièces arg. et billon.

81 — **Suisse.** Monnaies de la République et des Cantons : Berne, Fribourg, Genève, etc. Grands écus et divisions. Ens. 25 p. argent et billon.

82 — Monnaies en cuivre, étrangères pour la plupart. Ens. 192 pièces.

83 — Coffret en bois ayant contenu la Collection.

2° *Collection de Monsieur M.*

Vente volontaire

———

MONNAIES

84 — **Angleterre**. *Victoria*. *Reine*. Buste couronné à g. ꞵ. Saint Georges. 5 livres or du Jubilé 1887. TB.

85 — 2 livres or, mêmes types, du Jubilé 1887. TB.

86 - Souverain, mêmes types 1887 et demi-souverain au buste couronné à g. ꞵ. Armes 1887. Ens. 2 p. or. TB.

87 — Couronne, demi-couronne, double florin, florin, shilling, 6 pence. 3 pence. Ens. 7 pièces arg. de 1887, année de Jubilé. TB.

88 -- **Edouard VII**. Tête à dr. ꞵ. Saint Georges; 5 livres or du couronnement 1902. TB

89 — 2 livres or du couronnement. mêmes types 1902. TB.

90 — Souverain et demi-souverain, mêmes types 1902. Ens. 2 p. or. TB.

91 — Couronne. demi-couronne, florin. shilling, 6 pence. 3 pence. Ens. 6 p. arg. de 1902, année du couronnement, plus une monnaie cuivre de Georges III. TB.

92 -- **Autriche**. *François-Joseph Iᵉ*. Buste lauré à dr. ꞵ. Aigle bicéphale, quadruple ducat d'or 1894. TB.

93 — Ducat d'or de 1889. TB.

94 — L'Empereur Léopold, Marie-Thérèse d'Autriche, François-Joseph, couronne pour la Hongrie ; Charles, duc de Brunswick. Ens. 5 p. arg.

95 — **Bade**. *Frédéric. Grand Duc.* 5 marks or 1877. TB.

96 — 5 marks 1902 ; 2 marks 1896 : 1902 et 1906. — **Bavière**. *Louis II.* 2 marks 1876. Ens. 5 p. arg. B. et TB, plus une monnaie cuivre d'Aix-la-Chapelle.

97 — **Belgique**. Mariage du Duc de Brabant, 1853. Cinquantenaire de l'Indépendance, 1880. Ens. 2 p. arg. module de 5 francs. TB.

98 — **Espagne**. *Charles III.* Buste à dr. R. Armes. Demi-once de 4 escudos d'or 1786 Madrid. TB. plus 4 réaux argent d'Isabelle II.

99 — **États pontificaux**. *Grégoire XVI.* Buste à g. R. Valeur. 10 scudi or. Rome 1836. TB.

100 — Mêmes types 5 scudi 1855 ; scudi 2.50 1845. Ens. 2 p. or frappées à Rome. TB.

101 — Scudo arg. 1846 Rome, 20 baiocchi arg. 1835 Bologne, baiocco et quattrino cuivre, plus un double giulio arg. à l'effigie de Benoît XIV. 1755. Ens. 5 p. B et TB.

102 — *Pie IX.* Buste à g. R. Valeur. 5 scudi or 1854 Rome. TB.

103 — Mêmes types. Scudi 2.50, 1855 ; scudo 1861. Ens. 2 p. or frappées à Rome. TB.

104 — Mêmes types, 100 lire or 1856 Rome. TB.

105 — Mêmes types. 50 lire or 1870 Rome. TB.

106 — Mêmes types. 20 lire or 1868 Rome. TB.

107 — Même types : 10 lire 1869 et 5 lire 1866. Ens. 2 p. or frappées à Rome. TB.

108 — Scudo 1846 ; 50 baiocchi 1853 ; 20 baiocchi 1850, 1866 ; 10 baiocchi 1863, 5 baiocchi 1855. Ens. 6 p. arg. frappées à Rome, plus 5 baiocchi, 2 baiocchi et mezzo baiocco, ces 3 dernières pièces en cuivre.

109 — 2 1/2 lire 1867 ; lira 1866 (2 variétés par la grosse ou la petite tête du Saint Père) ; 10 soldi 1868 ; 5 soldi 1867. Ens. 6 p. arg. frappées à Rome. TB. plus 4 soldi, 2 soldi, 1 soldo, 1/2 soldo et centesimo : ces 5 dernières pièces en cuivre.

110 — **États-Unis d'Amérique**. Tête de Liberté à g. R. Valeur. Dollar, 1853. Tête d'Indien à g. R Valeur. Dollar 1856. Ens. 2 p. or. TB.

111 — Dollar de Californie, octogone 1853 et divisions : demi-dollar de Californie rond 1853 et division. Ens. 5 p. or. B. et TB.

112 — Demi-dollar au buste de Liberté 1863 ; Lafayette dollar, 1900. Ens. 2 p. arg. B. et TB.

113 — **Ethiopie**. *Ménélick*. Talari par Lagrange et divisions. Ens. 5 p. arg. TB. plus une monnaie cuivre.

114 — **France**. *Louis XIII*. Louis d'or de 1643. Paris à la tête laurée à droite. B.

115 — *Louis XIV, Louis XV, Louis XVI, République, Henri V*. Ecus et divisions. Ens. 6 p. arg.

116 — *Napoléon III*. 5 francs à la tête nue, Paris 1854 et Strasbourg 1860 ; grand et petit module. Ens. 2 p. or. B et TB.

117 à 120 — Monnaies françaises diverses.

121 — **Grèce Antique**. *Egine*. Tortue de mer. ℞. Carré creux à 8 divisions. Arg. statère archaïque. B.

122 — **Hambourg**. Armes de la Ville tenues par 2 lions. ℞. Aigle. 20 marks or. 1876. TB.

123 — **Hesse**. *Esnest-Louis. Grand Duc.* — Bustes accolés de Philippe Landgrave et du Grand Duc 1504-1904. ℞. Aigle. 5 marks. — **Hollande**. *Louis-Napoléon. Roi.* Tête à d. ℞. Armes. 50 stuyvers 1808. Ens. 2 p. arg. TB.

124 — **Italie**. Victor-Emmanuel II. Tête à g. ℞. Armes. 5 lire or Turin 1863. TB. plus 1 franco arg. de Félix et Elisa pour Lucques et Piombino.

125 — **Milan**. *Napoléon, roi d'Italie.* Sa tête à g. 1812. ℞. Armes. 40 lire or. TB.

126 — 5 lire 1813 à la tête à dr. de Napoléon, roi d'Italie ; **Naples**. Ferdinand II. Tête à dr. ℞. Armes. Ecu de 120 grani 1859 ; **Perse**. 2 krans au lion. Ens. 3 p. arg. B et TB.

127 — **Piémont**. L'ITALIE DÉLIVRÉE. A. MARENGO. Tête casquée laurée à g. ℞. Valeur : 20 FRANCS. L'AN. 10. or. TB.

128 — **Prusse**. *Frédéric. Roi.* Son buste nu lauré à dr. ℞. Aigle sur un trophée. Frédéric d'or 1776. TB.

129 — Thaler aux mêmes types 1770 ; Frédéric Guillaume II. Roi. Thaler 1795. Ens. 2 p. arg. l'une TB.

130 — *Guillaume Ier. Empereur et Roi*. Tête à dr. ñ. Aigle. 20 marks or 1888.
TB.

131 — 10 marks 1888 et 5 marks 1877 aux mêmes types. Ens. 2 p. or. TB.
plus 2 marks arg. 1876.

132 — *Frédéric. Empereur et Roi*. Sa tête à dr. ñ. Aigle. 20 marks or 1888.
TB.

133 — 10 marks or 1888 même types. TB.

134 — 5 marks et 2 marks 1888, mêmes types. Ens. 2 p. arg. TB.

135 — *Guillaume II. Empereur et Roi*. Sa tête à dr. ñ. Aigle. 20 marks or
1888. TB.

136 — 2 marks mêmes types 1899; 5 marks et 2 marks aux bustes accolés de
Frédéric 1701 et Guillaume II 1901 ; plus « eine rupie » pour la Compagnie de l'Afrique Orientale allemande 1891. Ens. 4 p. arg. TB.

137 — **Roumanie**. *Charles Ier. Roi*. Sa tête jeune à g. ñ. Sa tête plus âgée à g.
1866-1906. 100 lei or. TB.

138 — 20 lei or aux mêmes types. TB.

139 — Son buste en uniforme à g. 1866-1906. ñ. Le Prince à cheval à dr.
50 lei or flan large. TB.

140 — Même type d'avers. ñ. Aigle. 25 lei or flan large. TB.

141 — 12 1/2 lei or flan large aux types du précédent. TB.

142 — 5 lei et 1 leu du quarantenaire 1866-1906. Ens. 2 p. arg. TB.

143 — **Sardaigne**. *Charles-Félix*. Sa tête nue à g. 1830. ñ. Armes. 80 lire or
Gênes. TB.

144 — **Saxe**. *Frédéric Auguste. Roi*. Son buste en uniforme à g. ñ. Armes.
10 thalers or 1826. TB.

145 — *Albert. Duc*. 2/3 thaler 1686. *Albert. Roi*. 5 marks et 2 marks 1902 ;
Georges. Roi. 2 marks 1904. Ens. 4 p. arg. B et TB.

146 — **Transwaal**. *Kruger*. Président. Son buste à g. ñ. Armes. Livre d'or
1898. TB.

147 — 5 shillings 1892; 2 1/2 shillings 1894; 2 shillings 1896; 1 shilling 1894;
6 pence 1895; 3 pence 1896. Ens. 6 p. arg. plus un penny cuivre.

148 — **Westphalie**. *Jérôme-Napoléon. Roi*. Sa tête à g. ñ. Valeur 20 frank or.
1809.

149 — Mêmes types 10 frank 1813 et 5 frank 1813. Ens. 2 p. or. TB.

150 — Lot de 160 monnaies diverses. la plupart en cuivre.

MÉDAILLES

151 — Médailles à l'effigie des Présidents de la République frappées pour leur élection. *L.-A. Thiers* par Oudiné 1873. Argent 70 mm.   TB.

152 — *Maréchal de Mac-Mahon*, par Chaplain sans date. Argent 70 mm. TB.

153 — *Jules Grévy*, par Daniel Dupuis 1879. Argent 70 mm.   TB.

154 — *Carnot*, par Alphée Dubois 1887. Arg. 70 mm.   TB.

155 — *Casimir Périer*, par J.-C. Chaplain 1894. Arg. 70 mm.   TB.

156 — *Félix Faure*, par J.-C. Chaplain 1895. Arg. 70 mm.   TB.

157 — *Émile Loubet*, par J.-C. Chaplain 1899. Arg. 70 mm.   TB.

158 — Les 7 médailles. ci-dessus en bronze 70 mm.   TB.

159 — Monnaie de Paris 1900, par Daniel Dupuis. arg. et br. 50 mm ; par Patey, arg. et br. 37 mm : Exposition de 1900 par Daniel Dupuis, arg. et br. 32 mm. ; Refrappe arg. octogone du jeton de la Duchesse d'Aumont ; plus 2 médailles cuivre (monneron de 5 sols et Louis-Philippe). Ens. 9 p.   TB.

3° *Collection H.*

Vente volontaire

160 — **Monnaies romaines et antiques**. Deniers d'argent, billon, bronzes. Ens. 18 pièces.

161 — Petits bronzes. 82 pièces.

162 — **Monnaies Carolingiennes**. *Louis le Débonnaire*. Denier de Reims ; *Charles-le-Chauve*, obole de Meaux. Deniers de Court-Sessin. Ens. 4 p. arg.   B et TB.

163 — Deniers de Saint-Étienne, de Chateau-Landon et Porcien. Ens. 3 p. arg.   B et TB.

164 — Deniers d'Arras, du Palais, etc. Ens. 5 p.   B et TB.

165 — **Monnaies Françaises** de Philippe IV à Louis XIV. 82 pièces arg. et billon.

166 — Louis XV, Louis XVI. etc. Ens. 15 p. arg. et billon.

167 — **Monnaies Féodales et Etrangères**. 26 pièces arg. et billon.

168 — Monnaies en cuivre, pièces diverses, un lot.

169 — **Jetons et médailles**. Louis XVI. Buste à dr. n. Lég. latine. Secours du Clergé aux veuves des marins. 8 jetons argent octogone.   B.

170 — Ville de Versailles, 1821. Compagnie des quatre canaux, 1822. Notaires de Compiègne, type au Coq, 1830, etc. Ens. 6 jetons arg. octogones ; la plupart.   TB.

171 — **La Clémentine**. Cie d'assurances contre l'Incendie 1881. 6 grands jetons arg.   B.

172 — Société Industrielle du Nord de la France. Lille. 9 jetons arg.   TB.

173 — Académie royale de Rouen. Le Phénix, assurances sur la vie 50e anniversaire, 1894. Médailles de mariage. Félix Faure, etc. Ens. 8 pièces arg.   TB.

174 — (xx) jetons, parmi lesquels quelques monnaies, la plupart en cuivre.

175 — **Médailles Françaises**. Henri II, Louis XIII. Louis XIV. Ens. 12 p. Br.

176 — Louis XV. Louis XVI. Révolution. Ens. 25 p. Br. et métal de cloche.

177 — Napoléon, Marie-Louise, etc., 32 p. Br.

178 — Médailles de Louis XVIII à nos jours. Ens. 28 p. en bronze.

179 — 9 autres médailles.

180 — Médailles de personnages, 41 pièces, la plupart en bronze.

181 — 42 autres médailles, la plupart en bronze.

182 — Ferdinand François d'Avalos, son buste à dr. ß. Marguerite duchesse de Mantoue. Son buste voilé à dr. 1561 P. Médaille argent coulé, 67 mm. trou de suspension.   B.

183 — Necker. Son buste à g. par. Duvivier. ß. Vœu public satisfait 1789. Arg., 41 mm., plus une médaille à l'effigie de Louis XVI en métal de cloche.   TB.

184 — Médailles étrangères. en bronze et plomb. Ens. 31 pièces.

185 — Médailles papales et religieuses. Ens. 63 pièces, la plupart en bronze.